8° F Pièce
1709

AF246618

MODÈLES D'ANALYSES

DE

PROCÈS-VERBAUX

POUVANT S'APPLIQUER

A TOUS LES CAS QUI SE RENCONTRENT DANS LE SERVICE
DE LA GENDARMERIE

3ᵉ ÉDITION

Revue, corrigée et augmentée.

RÈGLE GÉNÉRALE

Écrire les noms propres en gros caractères et très lisiblement.

PARIS		LIMOGES
11, Place St-André-des-Arts.		46, Nouvelle route d'Aixe, 46.

IMPRIMERIE ET LIBRAIRIE MILITAIRES

Henri CHARLES-LAVAUZELLE

Éditeur

1891

Librairie militaire H. Charles-Lavauzelle

Paris, 11, place Saint-André-des-Arts.

DÉCRET DU 1er MARS 1854, portant règlement sur L'OR-
GANISATION ET LE SERVICE DE LA GENDARMERIE,
4e édition mise à jour avec les modifications sur-
venues jusqu'au mois de décembre 1890 et annotée par un officier supérieur de l'arme. — Volume
in-8o de 216 pages, cartonné.............. 2 »
Le même, intercalé de papier blanc........... 3 »
RÈGLEMENT DU 10 JUILLET 1889 SUR LE SERVICE INTÉ-
RIEUR DE LA GENDARMERIE, suivi de l'instruction
spéciale du 25 avril 1873 sur l'hygiène des che-
vaux des brigades de gendarmerie, édition anno-
tée et commentée par un officier supérieur de
l'arme. — Vol. in-8o de 144 p., cartonné... 1 »
Le même, intercalé de papier blanc........... 2 »
INSTRUCTION DU 21 JUILLET 1889 SUR LE SERVICE INTÉ-
RIEUR DE LA GARDE RÉPUBLICAINE. — Volume
in-8o de 64 pages, cartonné.............. 1 »
INSTRUCTION MINISTÉRIELLE DU 30 AVRIL 1883, SUR
LE SERVICE MUNICIPAL DE LA GARDE RÉPUBLI-
CAINE. — Vol. in-18 de 64 p., cartonné..... » 40
RÈGLEMENT DU 2 MAI 1883 SUR LES EXERCICES A PIED
ET A CHEVAL DE LA GENDARMERIE, modifié par
note ministérielle du 7 juin 1889, avec figures dans
le texte (4e édition mise à jour jusqu'en décem-
bre 1890). — Vol. in-32 de 424 p., cart.... 1 35
RÈGLEMENT DU 2 MAI 1883 SUR LES EXERCICES A PIED
DE LA GENDARMARIE, modifié par note ministé-
rielle du 7 juin 1889, avec figures dans le texte.
— Volume in-32 de 198 pages, cartonné... 1 »
INSTRUCTION MINISTÉRIELLE DU 15 JANVIER 1874, SUR
LA NOMENCLATURE, LE DÉMONTAGE ET L'ENTRETIEN
DU REVOLVER MODÈLE 1873. — Brochure in-32 de
30 pages...................... » 30
En placard..................... » 15

MODÈLES D'ANALYSES

DE

PROCÈS-VERBAUX

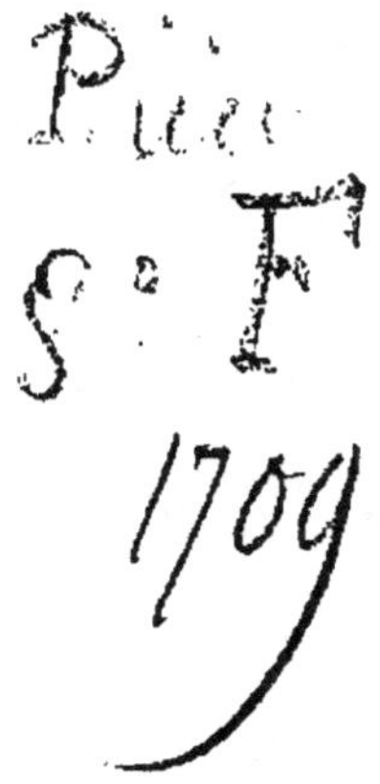

MODÈLES D'ANALYSES

DE

PROCÈS-VERBAUX

POUVANT S'APPLIQUER

A TOUS LES CAS QUI SE RENCONTRENT DANS LE SERVICE DE LA GENDARMERIE

3ᵉ ÉDITION

Revue, corrigée et augmentée.

RÈGLE GÉNÉRALE

Écrire les noms propres en gros caractères et très lisiblement.

<table>
<tr><td>PARIS
11, Place St-André-des-Arts.</td><td>LIMOGES
46, Nouvelle route d'Aixe, 46.</td></tr>
</table>

IMPRIMERIE ET LIBRAIRIE MILITAIRES

Henri CHARLES-LAVAUZELLE

Éditeur

1891

BIBLIOTHÈQUE NATIONALE — R.F.

MODÈLES D'ANALYSES

DE

PROCÈS - VERBAUX

POUVANT S'APPLIQUER

A tous les cas qui se rencontrent dans le service de la gendarmerie.

CHAPITRE PREMIER.

ARRESTATIONS.

Nota. — 1° Les procès-verbaux d'arrestation doivent être individuels. — 2° Ils mentionneront toujours que les individus arrêtés ont été minutieusement fouillés. — 3° Le signalement figurera toujours à la suite du procès-verbal. — 4° Pour les arrestations en vertu de mandat de justice, mentionner dans le corps du procès-verbal : le nom, la qualité et la demeure du juge mandant ; la date des mandats et les faits, quand on pourra les connaître, dont les individus sont prévenus.

1. L'arrestation en flagrant délit d'assassinat ;
2. L'arrestation en flagrant délit de meurtre ;
3.   —   —   de vol ;
4.   —   —   d'escroquerie ;
5.   —   —   comme perturbateur ;
6.   —   —   comme embaucheur ;
7.   —   —   d'incendie ;
8.   —   —   de contrebande ;

9. L'arrestation pour colportage d'écrits ou d'emblèmes séditieux, ou de fausses nouvelles ;

10. L'arrestation pour vente d'écrits sans autorisation ;

11. L'arrestation en vertu d'un mandat d'arrêt ;

12. L'arrestation en vertu d'un mandat d'amener ;

13. L'arrestation en vertu d'un mandat de dépôt ;

14. L'arrestation en vertu d'un extrait de jugement ;

15. L'arrestation pour rebellion ou outrages envers la gendarmerie ;

16. L'arrestation pour port illégal d'uniforme ou de décorations ;

17. L'arrestation pour mendicité, défaut de papiers et vagabondage ou rupture de ban ;

18. L'arrestation comme porteur, détenteur ou distributeur d'armes, ou de munitions de guerre ;

19. L'arrestation pour avoir chassé masqué ou la nuit, etc.,

Du nommé MONGLADE (Lucien), 40 ans, serrurier, né à....., canton de..... (Isère).

20. L'arrestation comme évadé de la maison d'arrêt de..... (Drôme) du nommé PASCANAT (Jules), 30 ans, menuisier, né à....., canton de..... (Ain), condamné à 5 ans de prison pour vol.

21. L'arrestation comme évadé du bagne de ..... du nommé JUD (André), 40 ans, tailleur d'habits, né à....., canton de..... (Haute-

Vienne), condamné à 20 ans de travaux forcés pour vol.

22. L'arrestation comme évadé du dépôt de mendicité ou de l'asile des aliénés de..... du nommé PETIT (Pierre), 30 ans, sans profession, né à....., canton de..... (Haute-Vienne).

23. L'arrestation comme évadé des mains de la gendarmerie du nommé COSTE (Pierre), 25 ans, forgeron, né à.. .., canton de..... (Gard), condamné à deux ans de prison pour vol.

24. L'arrestation en vertu d'un signalement numéro 1;

25. L'arrestation comme déserteur;

26. — pour absence illégale,

Du nommé TARDIEU (François), 23 ans, né à....., canton de..... (Cantal), soldat de 2e classe au 2e régiment d'infanterie ou marin du vaisseau l'*Océan*, déserteur ou absent depuis le..... 188...

27. L'arrestation comme insoumis du nommé JOLIBOIS (Georges)..... ans, né à....., canton de..... (Haute-Garonne), de la cl.. 18.., désigné pour le 15e régiment de dragons ou réserviste de la classe 18.. ou territorial de la classe 18.., qui n'a pas répondu à l'appel pour une période d'instruction.

28. L'arrestation du nommé J. X....., né à..... (Nord), âgé de....., se disant mécanicien, pour s'être fait servir à boire et à manger chez le sieur B....., aubergiste à..... (Pas-de-Calais), sachant qu'il était dans l'impossibilité absolue de payer.

CHAPITRE II

CRIMES.

Nota. — Ne jamais citer d'articles du Code pénal, la plupart étant sujets à des interprétations que la urisprudence á fixés, il est vrai, mais qui sont généralement inconnues des gendarmes.

29. Un assassinat commis à....., canton de..... (Haute-Vienne), sur le nommé JOUAN-NEAU (Jean), 44 ans, boulanger à....., canton de..... (Haute-Vienne), par le nommé THOMAS (Auguste), 35 ans, journalier à....., canton de..... (Creuse). Ou auteur inconnu. Ou auteur soupçonné, le nommé......

30. Une attaque sur la voie publique commise contre le nommé BOULAN (Jacques), marchand de bestiaux à....., canton de..... (Seine-et-Oise), par le nommé GUY (Léon), 40 ans, charpentier à....., canton de..... (Lozère).

31. Un attentat à la pudeur commis sur la nommée GRIGNON (Jeanne), 19 ans, couturière à....., canton de..... (Aisne), par le nommé BÉROT (Pierre), berger au même lieu.

32. L'émission de fausse monnaie à..... (Lozère) par un inconnu ou par le nommé APTS (Léon), 45 ans, fondeur à....., canton de..... (Cantal).

33. Un empoisonnement commis à..... (Yonne) par le nommé PERTON (Pierre). 27 ans, fermier audit lieu, sur la nommée BRUN (Marie), sa femme.

34. La fabrication de fausse monnaie à.....

(Yonne), par un inconnu ou par le nommé
APTS (Léon), 38 ans, mouleur à....., canton
de..... (Aisne).

35. Un incendie par malveillance (1) au préjudice du sieur MULLER (Pierre), fermier
à..... (Hérault). Auteur inconnu ou auteur
soupçonné, le nommé GESTIN (Jean), 37 ans,
voiturier à....., canton de..... (Gard). Pertes, 2,000 fr. environ. Assurance de 3,000 fr.
ou sans assurance.

36. Un infanticide commis sur un enfant
nouveau-né ou âgé de 6 mois, du sexe mas-
culin, par sa mère, la fille ou la femme PIC
(Adèle), 20 ans, domestique à..... canton
de..... (Ariège).

37. Un meurtre commis à..... (Haute-Garonne), sur le nommé JOUANNEAU (Jean),
35 ans, boulanger à..... canton de..... (Haute-
Garonne), par un inconnu ou par le nommé
FELICIEN (Jules), 47 ans, serrurier à.....
canton de..... (Gironde).

38. Une tentative d'assassinat ;
39.   —   d'empoisonnement ;
40.   —   de viol,

Commise à..... canton de..... (Nord), sur la
nommée MERINDOL (Marie), 21 ans, couturière à....., canton de..... (Nord), par le nommé
THOMAS (Auguste), 41 ans, maçon à.....,
canton..... (Nord).

41. Un viol commis sur la nommée GRI-
GNON (Marie), 20 ans, couturière à....., can-

---

(1) L'incendie *par malveillance* doit être démontré
par les preuves les plus convaincantes. L'estimation
des pertes n'est qu'approximative et reproduite en
chiffres ronds.

(*)

ton de..... (Eure), par le nommé FABRE (Jean), 28 ans, menuisier à..... canton de..... (Eure)....

42. Un vol (indiquer successivement les objets et leur valeur) commis à l'aide d'escalade et d'effraction au préjudice du sieur BAU (Antoine), propriétaire à....., canton de..... (Isère). Auteur soupçonné, le nommé BOMPART (Jean), 32 ans, domestique audit lieu, ou auteur inconnu.

43. Un avortement procuré à la nommée F. M..... ,âgée de....., demeurant..... (Vosges), par le nommé X. P....., médecin à..... (Vosges).

44. Tentative d'avortement pratiquée sur elle-même par la nommée J. V....., âgée de....., demeurant à..... (Vosges), avec les conseils de la nommée P. R., sage-femme à....., âgée de.....

45. Menaces de mort, sous conditions, par écrit anonyme ou signé, par le nommé P. J....., cultivateur, âgé de 40 ans, demeurant à..... (Eure), contre le sieur X....., cultivateur au même lieu.

CHAPITRE III

DÉLITS.

Nota. — 1º Sauf pour les délits de chasse, il vaut mieux ne pas citer les articles de loi ou du Code pénal pour les motifs donnés au chapitre II. — 2º Ne jamais omettre de signaler au bas du procès-verbal que l'original a été visé pour timbre et enregistré en débet, dans tous les cas où cette formalité doit être remplie (art. 491 du décret du 1er mars 1854). — 3º Reproduire les signatures des personnes qui, dans certains cas, peuvent avoir été appelées à signer avec les rédacteurs.

46. Un délit de chasse au fusil, sans permis, en temps non prohibé ;

47. Un délit de chasse au fusil, en temps prohibé ;

48. Un délit de chasse avec des engins prohibés ;

49. Un délit forestier dans la forêt de Rochechouart ;

50. Un délit de pêche en temps prohibé ;

51. Un délit de pêche avec des engins prohibés,

Commis par le nommé DEVAU (Jules), 28 ans, plâtrier à....., canton de..... (Gironde).

52. Une escroquerie d'une somme de 200 francs commise au préjudice du sieur FOURNIER (Jean), propriétaire à..... canton de..... (Gironde), par le nommé CADET (Pierre), 21 ans, menuisier à....., canton de..... (Gironde).

53. Une falsification de pain, café, etc. (indiquer la denrée), par le nommé RIBOT (Georges), boulanger ou épicier à..... canton de..... (Loir-et-Cher), avec matières nuisibles à la santé (1).

54. Une mutilation d'arbres (perte, 50 fr.), au préjudice du sieur LUCAS (Jean), propriétaire à....., canton de..... (Haute-Vienne). — Auteur soupçonné, le nommé MATHIEU (Louis), 40 ans, journalier audit lieu.

55. Une rébellion ou des insultes proférées contre la gendarmerie, par le nommé BRUET (Joseph), 40 ans, cultivateur à....., canton de..... (Yonne).

56. Une rixe survenue à....., canton de.....

---

(1) Les denrées sont saisies.

(Hérault), entre les nommés BERTRAND (Jules), maçon à....., canton de..... (Corrèze), et LECONTE (Jean), journalier à....., canton de..... (Hérault).

57. La saisie d'armes ou de munitions de guerre au domicile ou sur la personne du nommé PERRIER (Louis), 40 ans, propriétaire à....., canton de..... (Gard).

58. La saisie d'engins de chasse prohibés (1) sur le nommé JANTON (Pierre), 50 ans, propriétaire à....., canton de..... (Gard.

59. La saisie d'un fusil de chasse abandonné (2) par un délinquant demeuré inconnu.

60. La saisie d'un jeu de hasard tenu par le nommé JUSTIN (Alexandre), 27 ans, journalier à....., canton de..... (Gard). (Récidive.)

61. La saisie de lettres transportées en fraude par le nommé SIMON (François), voiturier à....., canton de..... (Aisne).

62. La saisie de marchandises prohibées ou transportées en fraude sur le nommé ou au domicile du nommé RENOUARD (Jules), 33 ans, voiturier à..... (Eure).

63. La vente à faux poids ou fausses mesures de pain, vin, etc., par le nommé BRUN

---

(1) Hors le flagrant délit, la gendarmerie n'a pas le droit de rechercher dans le domicile d'un citoyen des engins prohibés, à moins qu'elle n'y ait été autorisée par une ordonnance du juge d'instruction. (Arrêt de la cour de Rennes du 10 avril 1847.) — Un réquisitoire du procureur de la République ne suffirait pas pour autoriser les recherches à domicile. (Cour de Rouen, 31 janvier 1845.)

(2) Il est expressément défendu de désarmer un chasseur.

(Jean), boulanger ou boucher à....., canton de..... (Calvados) (1).

64. La vente, avec des poids ou mesures différents de ceux que la loi en vigueur a établis, de pain, vin, etc., par le sieur X....., boulanger à..... (Yonne) (1).

65. Des voies de fait suivies de blessures exercées sur le nommé OGIER (Pierre), serrurier à..... (Eure), par PROPIN (Jean), maçon à....., canton de..... (Eure).

66. Un vol (indiquer les objets et leur valeur) commis au préjudice du sieur JAC (Jules), propriétaire à..... (Somme). — Auteur inconnu ou auteur soupçonné le nommé PHILIPPE (François), 19 ans, domestique audit lieu.

CHAPITRE IV

CONTRAVENTIONS.

NOTA. — 1° Pour toute espèce de contravention, on relatera, dans le corps du procès-verbal, les articles et la date de la loi, du décret, du règlement ou de l'arrêté en vertu desquels la contravention a lieu, et, lorqu'il s'agira du Code pénal, on citera les articles seulement. — 2° Ne jamais omettre d'indiquer au bas du procès-verbal que l'original a été visé pour timbre et enregistré en débet (art. 492 du décret du 1er mars 1854). — 3° Toutes les fois qu'une contravention a lieu chez un particulier, qu'il soit ou non présent, il est responsable, s'il est le chef de la maison; c'est donc à son nom que le procès-verbal est dressé, et non à celui de sa femme, de son enfant, de

____

(1) Les poids et mesures faux ou non usités sont toujours saisis. Ces délits peuvent n'être que de simples contraventions quand il y a peu de gravité et la première fois.

son domestique ou autre. (Ex. : Retard à la fermeture des cafés.) — Lorsque la contravention a lieu hors de la maison, le procès-verbal est dressé au nom du contrevenant même, et il suffit de citer le nom du patron ou du père dans le corps du procès-verbal. (Ex. : Domestique monté et endormi sur la charrette qu'il conduit.)

67. Une contravention à la police du roulage pour longueur d'essieu au-dessus de 2^{m}50 ;

68. Une contravention à la police du roulage pour saillie des moyeux au-dessus de 12 à 14 centimètres ;

69. Une contravention à la police du roulage pour clous à tête de diamant, ou formant saillie de plus de 5 millimètres sur la bande ;

70. Une contravention à la police du roulage pour voiture attelée de plus de 5 ou 8 chevaux (marchandises) (1) :

71. Une contravention à la police du roulage pour voiture attelée de plus de 3 ou de 6 chevaux (voyageurs) (1) ;

72. Contravention à l'art. 7 du règlement du 10 août 1852 pour franchissement des barrières de dégel, etc. ;

73. Une contravention à la police du roulage pour traverser un pont suspendu au trot, etc. ;

74. Une contravention à la police du roulage pour ne pas s'être rangé à sa droite et n'avoir pas laissé libre au moins la moitié de la chaussée ;

75. Une contravention à la police du roulage

---

(1) L'emploi de chevaux de renfort n'est autorisé que là où les poteaux l'indiquent. En temps de neige ou de verglas, l'on peut atteler à une voiture autant de chevaux que l'on veut et alors il n'y a pas contravention.

pour stationnement sans nécessité (1) sur la voie publique d'une voiture attelée ou non attelée ;

76. Une contravention à la police du roulage pour chargement ayant plus de 2^m50 de largeur;

77. Une contravention à la police du roulage pour largeur de collier excédant 0^m90 centimètres ;

78. Une contravention à la police du roulage pour défaut de distance entre chaque convoi ;

79. Une contravention à la police du roulage pour défaut de guides ou monté et endormi sur sa voiture ;

80. Une contravention à la police du roulage pour défaut d'éclairage ;

81. Une contravention à la police du roulage pour défaut de plaque, ou plaque fausse, ou plaque illisible ;

82. Une contravention à la police du roulage pour diligence non conforme aux règlements ;

83. Une contravention à la police du roulage pour défaut de lettre de voiture ;

84. Une contravention à la police du roulage pour postillon ayant quitté ses chevaux ou ivre ou n'ayant pas 16 ans au moins, etc., etc ,

Commise par le nommé MICHEL (Pierre), domestique à....., canton..... (Eure).

85. Une contravention de simple police (chien errant ou sans collier ou pour n'avoir pas retenu son chien) ;

---

(1) L'interdiction n'est pas absolue et le règlement doit être appliqué avec intelligence et modération.

86. Une contravention de simple police (retard à la fermeture des lieux publics);

87. Une contravention de simple police (défaut de registre, ou défaut d'inscription de voyageurs, ou refus de montrer ce registre);

88. Une contravention de simple police (cheval abandonné, ou divagation d'animaux, ou fous furieux);

89. Une contravention de simple police (voiture abandonnée dans une rue);

90. Une contravention de simple police (dépôt de matériaux);

91. Une contravention de simple police (auberge sans lanterne);

92. Une contravention de simple police (animaux morts non enfouis);

93. Une contravention de simple police (matériaux ou tranchée sans éclairage);

94. Une contravention de simple police (feu de cheminée);

95. Une contravention de simple police (mauvais traitements envers les animaux) (1);

96. Une contravention de simple police (bruit et tapage nocturne);

97. Une contravention de simple police (jet d'immondices ou corps durs sur des personnes);

98. Contravention pour avoir omis d'écheniller malgré l'arrêté, etc., etc.

99. Contravention pour refus d'acceptation de monnaies nationales ou étrangères, comprises dans la convention monétaire, ni faus-

______

(1) Ne jamais omettre dans le corps du procès-verbal s'il y a récidive.

ses ni altérées, selon la valeur pour laquelle elles ont cours;

100. Contravention pour tenue de jeu de hasard ou loterie dans les rues, chemins, sur les places publiques, etc. (1re fois) (1);

101. Contravention pour exposition et mise en vente de comestibles gâtés ou corrompus ou nuisibles (2),

Commise par le nommé ANDRÉ (Jules), cafetier et aubergiste à....., canton de..... (Creuse).

. 102. Une contravention au règlement sur les convois militaires commise par DUROT (Paul), convoyeur à....., canton de..... (Doubs).

103. Une contravention de grande voirie (dégradations de routes, de fossés bordant la route, etc.) commise par LOGAT (Jean), voiturier à..... (Doubs).

104. Une contravention pour ivresse manifeste et publique (3) commise par ROGER (Pierre), 28 ans, portefaix à..... (Yonne).

105. Une contravention pour refus de secours, d'engins, etc., en cas d'incendie et d'inondation ou autres sinistres ou événements, par le nommé X....., propriétaire à..... (Yonne.)

---

(1) Saisir les instruments, enjeux, etc.
(2) Détruire ces comestibles.
(3) L'original est toujours adressé au procureur de la République.

CHAPITRE V

FAITS DIVERS.

NOTA. — Sans avoir la qualité d'officier de police judiciaire en matière civile, les chefs de brigade sont souvent appelés, néanmoins, à recevoir des déclarations, ainsi que les gendarmes. Dans ce cas, il faut éviter de rédiger les procès-verbaux à la première personne, et se couvrir, autant que possible, en faisant signer volontairement les plaignants ou les témoins, ce qui empêche plus tard bien des ennuis pour la gendarmerie, si les signataires se contredisent eux-mêmes devant les tribunaux.

106 *a*. Un incendie, dont la cause est inconnue, mais auquel la malveillance paraît être étrangère ;

106 *b*. Un incendie accidentel ;

107. Commencement d'incendie accidentel,

Au préjudice du sieur GAVOT (Jean), propriétaire à..... (Creuse). Pertes (4,000 francs environ.) — Assuré pour 3,000 francs ou non assuré.

108. Une blessure accidentelle ou des blessures accidentelles causées par le nommé GRAND (Georges), cultivateur à....., canton de..... (Haute-Savoie), à la nommée MAURIN (Marie), journalière audit lieu.

109. Une mort accidentelle du nommé JUDE (René), 21 ans, cultivateur à..... (Cantal), tombé sous les roues de sa voiture ou noyé dans la rivière de.....

110. Un suicide par immersion ;

111. Un suicide par asphyxie ;

112.   —   par strangulation ;

113.   —   à l'aide d'une arme à feu ;

114. Un suicide à l'aide d'un instrument tranchant ;

115.   —   sous les roues d'un train en marche, etc.,

Du nommé LOCHON (Jean), 50 ans, banquier à..... (Dordogne), ou d'un individu dont l'identité n'a pu être reconnue.

116. Les recherches infructueuses en vertu d'un signalement n° 1 du nommé PARIS (Jean), déserteur du 19e de ligne ou insoumis de la classe 1880 ;

117. Les recherches infructueuses en vertu d'un état signalétique du nommé PARIS (Jean), soldat de 2e classe au 19e de ligne, manquant aux appels du.....

118. Les recherches infructueuses en vertu d'un mandat d'amener ;

119. Les recherches infructueuses en vertu d'un ext ait de jugement ;

120. Les recherches infructueuses en vertu d'un extrait de jugement,

Du nommé HARGOIN (Georges), cultivateur à..... (Calvados).

121. De nouveaux renseignements sur un vol commis au préjudice du sieur BONNET (Jean), propriétaire à..,.. (Orne). Auteur inconnu ou auteur soupçonné, le nommé....., etc., etc. ;

122. Une perquisition infructueuse (service des postes) faite dans la voiture et sur la personne du nommé DÉJASE (Louis), conducteur de la voiture de Limoges à Bellac (Haute-Vienne) :

123. Des renseignements sur la position de fortune et de famille du nommé GUY (Alexan-

dre), soldat au 1ᵉʳ dragons, qui demande à rentrer dans ses foyers comme soutien de famille, — ou réserviste de la classe 18....., qui demande un sursis ou une dispense pour la prochaine période d'instruction.

124. Déclaration d'une plainte portée à la gendarmerie par le nommé CHABAS (Jean), cultivateur à....., canton de (Eure), contre le nommé FERT (Pierre), maquignon à....., canton de..... (Orne).

125. Déclaration d'une plainte en adultère portée à la gendarmerie, par la dame X....., ménagère à..... (Haute-Garonne), contre son mari, négociant au même lieu, et la nommée Y....., âgée de....., sans profession, demeurant à..... (Haute-Garonne). — (Ou inversement, pour la plainte d'un mari contre sa femme).

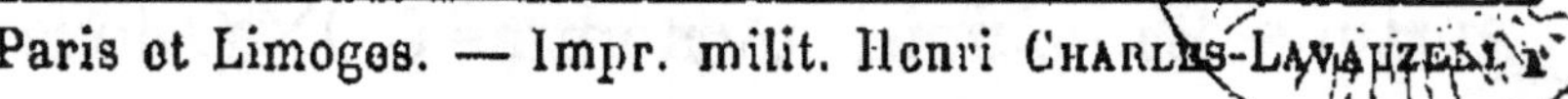

Paris et Limoges. — Impr. milit. Henri CHARLES-LAVAUZELLE

Librairie militaire H. Charles-Lavauzelle

Paris, 11, place Saint-André-des-Arts.

EXTRAIT DE L'INSTRUCTION MINISTÉRIELLE DU 30 AOUT 1884, SUR L'ENTRETIEN DES ARMES ET DES MUNITIONS. — Carabine de cavalerie avec baïonnette et carabine de gendarmerie avec sabre-baïonnette, revolver et armes blanches, munitions. — Brochure in-32 de 64 pages .... » 30

En placard :

    Carabine avec baïonnette.................... » 10
    Carabine avec sabre-baïonnette .... » 10

DÉCISION MINISTÉRIELLE DU 8 OCTOBRE 1889, portant modification à la description du 11 août 1885 sur L'UNIFORME DE LA GENDARMERIE. — Brochure in-8o de 64 pages..................... » 60

TABLEAUX DES TENUES DE LA GENDARMERIE : 1o à l'intérieur ; 2o Afrique et Corse (note ministérielle du 26 janvier 1890). — Fasc. in-8o de 16 p.... » 15

En placard :

    1o Intérieur.................................. » 15
    2o Afrique et Corse...................... » 15

TABLEAU DE LA TENUE DE CAMPAGNE des officiers et de la troupe (6 juin 1890). — Fasc. in-8o.. » 10
    En placard.................................. » 10

PAQUETAGE DE CAMPAGNE, de manœuvre et de revue de la gendarmerie départementale (Extrait du service intérieur). — En placard.......... » 20

INSTRUCTION DU 28 JUIN 1887 SUR LE HARNACHEMENT de la gendarmerie, modifiant celle du 21 octobre 1881. — Fascicule in-8o de 12 pages...... » 30

DÉCRET DU 18 FÉVRIER 1863, portant règlement sur LA SOLDE, LES REVUES, L'ADMINISTRATION ET LA COMPTABILITÉ DE LA GENDARMERIE, 3o édition annotée et mise à jour jusqu'en avril 1891, par E. Corsin, capitaine de gendarmerie. — Volume in-8o de 344 pages, relié toile anglaise..... 5 »

Librairie militaire H. Charles-Lavauzelle

Paris, 11, place Saint-André-des-Arts.

RÈGLEMENT DU 29 NOVEMBRE 1884, sur les FRAIS DE COMPARUTION en justice et le TRANSFÈREMENT DES PRISONNIERS, suivi de diverses notes et circulaires complétives. — Br. in-32 de 40 p......   » 30

INSTRUCTION SUR L'ADMINISTRATION DES GENDARMES RÉSERVISTES ET TERRITORIAUX dans leurs foyers (circulaire ministérielle du 1er février 1884). — Fascicule in-32 de 32 pages...............   » 25

NOMENCLATURE ET TARIF DES MÉDICAMENTS fournis aux militaires de la gendarmerie et à leurs familles (note ministérielle du 23 juin 1889). — Brochure in-8º de 24 pages...................   » 25

DÉCRET DU 19 OCTOBRE 1887 sur la COMPTABILITÉ DES PRÉVÔTÉS EN CAMPAGNE. — Br. in-8º de 76 p.   » 70

INSTRUCTION MINISTÉRIELLE DU 18 AVRIL 1890 SUR LE SERVICE PRÉVÔTAL DE LA GENDARMERIE AUX ARMÉES. — Brochure in-8º de 164 pages.....   1 30

CARNET-CALEPIN à l'usage des chefs de brigade et des gendarmes (mod. nº 15 de l'instruction sur le service prévôtal). — Relié toile.. ....   1 50

PRÉVÔTÉ AUX ARMÉES. Extrait par demandes et réponses de l'instruction du 18 avril 1890 à l'usage des sous-officiers, brigadiers et gendarmes (5e édition). — Vol. in-32 de 80 p., cart ...   » 60

PROGRAMME DES EXAMENS à subir par les officiers et sous-officiers de l'armée pour ENTRER DANS LA GENDARMERIE, ainsi que par les sous-officiers de cette arme présentés pour le GRADE DE SOUS-LIEUTENANT (3e édition). — Br. in-32 de 24 p.   » 50

INSTRUCTION SUR LES EMPLOIS CIVILS réservés aux sous-officiers, à l'usage des militaires de la gendarmerie. — Brochure in-32 de 96 pages...   » 50

Le catalogue général est envoyé **franco** *à toute personne qui en fait la demande.*

www.ingramcontent.com/pod-product-compliance
Lightning Source LLC
LaVergne TN
LVHW010126060726
842524LV00005B/1753